LIVRO DE RECEITAS FÁCIL

100 REQUISITOS FÁCEIS E RÁPIDOS
PARA PESSOAS INTELIGENTES

ENRIQUE ALONSO

Todos os direitos reservados.

Isenção de responsabilidade

As informações nele contidas destinam-se a servir como uma coleção completa de estratégias sobre o que o autor deste e-book investigou. Os resumos, estratégias, dicas e truques do autor são apenas recomendações do autor, e a leitura deste e-book não garante que os resultados de uma reflexão reflitam exatamente os resultados do autor. O Autor do eBook fez todos os esforços razoáveis para fornecer informações atualizadas e precisas aos leitores do eBook. O autor e seus associados não serão responsáveis por qualquer erro ou omissão que possa ser encontrado. O material do e-book pode incluir informações sobre terceiros. Os materiais de terceiros fazem parte das opiniões expressas por seus proprietários. Por quê,
O eBook tem direitos autorais © 2022 com todos os direitos reservados. É ilegal redistribuir, copiar ou criar trabalhos derivados deste e-book em sua totalidade ou em parte. Nenhuma parte desta informação pode ser reproduzida ou transmitida de qualquer forma ou por qualquer meio sem a permissão expressa e permissão do autor.

INTRODUÇÃO 10

EDIFÍCIOS DE CEREAIS, NUECES E SEMILHAS 12

   1. Setas rápidas de setas integrais 12

   2. Batatas fritas 14

   3. Buñuelos de guisantes de ojos negros 16

   4. Croquetes de arroz 18

   5. Buñuelos de arándanos / maiz 20

   6. Buñuelos de majz con salsa para mojar 23

   7. Carnaval Buñuelos 25

   8. Pão de Garbanzos com molho de pêra 27

   9. Buñuelos de garbanzos con cuscus 29

   10. Buñuelos de maiz y pimiento 31

   11. Buñuelos de Janucá 33

NEGÓCIOS VEGETAIS 35

   12. Buñuelos de quiabo 35

   13. Buñuelos de frijoles 37

   14. Buñuelos de camote con jengibre 39

   15. Buñuelos de berenjena 41

   16. Buñuelos de alcachofa 43

   17. Buñuelos de acelgas y ruibarbo 45

   18. Buñuelos de higos 47

   19. Verduras misturadas com vizinhos vizinhos 49

   20. Buñuelos de calabacín de posterre 51

   21. Buñuelos de puerro 53

22. Buñuelos de lentejas y vinagreta de remolacha 55
23. Buñuelo de berenjena 57
24. Buñuelos de zanahoria al curry 59
25. Buñuelos de guisantes fritos 61
26. Buñuelos de patata rellenos 63
27. Buñuelos de setas 65
28. Bhajiyas de cebolla / buñuelos de cebolla 67
29. Pakora 69
30. Buñuelos de chirivía y zanahoria 71
31. Pomme frites / patatine buñuelos 73
32. Buñuelos de patata y nueces 75
33. Buñuelos de calabaza 77
34. Buñuelos de espinaca 79
35. Pãezinhos de tofu fritos 81
36. Sementes de tomate 83

BUÑUELOS DE FRUTAS 85
37. Buñuelos de manzana holandeses 85
38. Buñuelos de manzana y naranja 87
39. Planetas embutidos construídos em temperatura 89
40. Buñuelos de Albaricoque 91
41. Buñuelos de plátano Benya 93
42. Buñuelo de langostinos y platan 95
43. Abutres de melocotón em conserva 97
44. Buñuelos de piña caribeña 99

45. Buñuelos de saúco 101
46. Buñuelos de frutas e verduras 103
47. Frutas com limão e salsa de bourbon 105
48. Buñuelos de manzana espia del norte 107
49. Buñuelos de pinha e platan 109
50. Buñuelos de pera escalfados 111
RFRITTER DE MARISCOS 113
51. Buñuelos de bagre 113
52. Buñuelos de bacalhau 115
53. Buñuelos de pescado y carne de cangrejo 117
54. buñuelos de majz e almejas de bacalao del cabo 119
55. Buñuelos de caracol 121
56. Buñuelos de almejas en preserva 123
57. Buñuelos de cangrejo y aguacate 125
58. Buñuelos de langosta 127
59. Buñuelos de almejas 129
60. Buñuelos de camarones y maiz da Indonésia 131
61. Buñuelos italianos de calabaza espagueti 133
62. Buñuelos de langosta 135
63. Pãezinhos de milho com salsa 137
64. Buñuelos de pulpo 139
65. Buñuelo de camarones 141
66. Buñuelos de ostras 143
67. Buñuelos de atún 145

BUÑUELOS DE QUESO 147

   68. Buñuelos de queso de Basilea 147

   69. Morangos com iogurte e molho de bérberis 149

   70. Bunauelos de queso de Berna 152

   71. Friñol Buñuelos, milho e queijo cheddar 154

   72. Buñuelos de mussarela e espaguetes 156

   73. Buñuelos de queso emmental 158

   74. Buñuelos de queijo cheddar de harina de maiz 160

   75. Buñuelos de camembert 162

   76. Buñuelos de coliflor e queijo cheddar 164

   77. Buñuelos de patata rellenos de queso 166

   78. Buñuelos de pera e queijo cheddar 168

   79. Garrafas de ricota e castanhas com cauda de baguete . 170

   80. Buñuelos de queso Waadtland 172

CARNES E BOTÕES 174

   81. Buñuelos de pollo 174

   82. Buñuelos de ternera con trozos 176

   83. Gemas de ovo com bijuterias verdes e macarons 178

   84. Buñuelos de majz fresco y salchichas 180

   85. Buñuelos de maiz para perros calientes 182

   86. Buñuelos de carne coreanos 184

   87. Buñuelos de queijo parmesão e mussarela 186

BUSUELOS DE POSTRE 188

   88. Buñuelos de nuez cubiertos de chocolate 188

- 89. Buñuelos de choux 190
- 90. Buñuelos de pudín de Navidad 192
- 91. Buñuelos de canela 194
- 92. Buñuelos franceses 196
- 93. Buñuelos de arce 198
- 94. Buñuelos de cereja com ron 200
- 95. Suvganiot 202
- 96. Buñuelos de vinho 204

BUÑUELOS DE FLORES COMESTÍVEIS 206
- 97. Buquês de flores de Sauco servidos com mousse de flores de pires 206
- 98. Buñuelos de flores de diente de leon 208
- 99. Buñuelos de flor de saúco 210
- 100. Pétalas de rosa 212

CONCLUSÃO 214

INTRODUÇÃO

Por definição, os pacotes são basicamente alimentos fritos categorizados em três categorias:

- Pastéis de massa Chou ou massa de levadura.
- Framboesas, milho, manjerona, frutos vermelhos ou secos e batatas fritas.
- Pequeñas tortas de comida picada rebozada, como buñuelos de maiz.

O feijão é um alimento extremamente versátil. Pode ser uma guarnição, um aperitivo, uma geladeira ou um pôster. Fueron foi originalmente introduzido no Japão na vela XVI e é um dos mais populares nesta década.

Dicas básicas para começar

1. Nenhum link é feito para o aceite. Certifique-se de adicionar o suficiente ao jardim, para que você possa adicionar um cadinho, boa cor e delicadeza ao feijão.

2. Spoilers! Su sartén debe calentarse adequadamente antes de cocinar. Se o buñuelo no chisporrotea cuando golpea la sarten, ¡sabrá que no está lista!

3. O sarten não aborta, e espera-se que a temperatura do sarten diminua, o que resultará em flutuabilidade e pequena coccidiose.

A fórmula básica

Verduras + Aromáticos e Espécies + Queso + Aglutinante

EDIFÍCIOS DE CEREAIS, NUECES E SEMILHAS

1. Buñuelos fast de arroz integral

Rendimento: 6 porções

Ingredientes

- 2 xícaras de arroz integral grosso corto
- ½ taza de azucar
- 3 Huevos; vencido
- Uch cucharadita de sal
- C de cucharadita de vainilla

- 6 cucharadas de harina

- Uch cucharadita de nuez moscada

- 3 coucharaditas de polvo de hornear

Combine a flecha, os cavalos, a vainilla e a nova mesquita e mezcle bem.

Tamice os ingredientes secos e reveladores com a mezcla de arroz. Vierta cucharadas em grama grossa Honda (360°) e livre para dormir.

Cubra com papel absorvente, pulverize com vidro e sirva bem.

2. batatas fritas

Rendimento: 4 porções

Ingredientes

- 10 onças de creme congelada estilo verde gigante
- Maio refeição de graça
- Har taza de harina
- ½ maza amarilla amido de milho
- 1 cusharadita de levadura em polvo
- 1 cuboadita de cebolla picada instantânea
- Uch cucharadita de sal

- 2 Cavalos

Coloque a bolsa de milho sem abrir na água tíbia durante 10 a 15 minutos para descongelar.

Em uma geladeira ou caçarola, pesando de 2 a 3 pulsos de gordura a 375 graus. Em uma mistura média, misture o fubá e os demais ingredientes; revuelva hasta que está bem combinado.

Deje caer la masa por cucharadas rasas en aceite caliente, 375 graus. Grátis de 2 a 3 minutos ou até terminar. Escurer sobre papel toalla

3. Buñuelos de guisantes de ojos negros

Rendimento: 20 porções

Ingredientes

- ½ livro   Goblins de olhos negros, empapados
- 4 dias de cada ano, triturados
- 2 cucharaditas de sal
- 1 spray de pimenta preta
- 4 cucharadas de água
- Aceite para freir

- Jogue ao seu gosto

Quando os ciganos forem removidos, esfregue a pele e remova com um removedor por 30 minutos.

Escurrir y enjuagar.

Em um processador de alimentos, processe os gusants, o ajo, o sal e o pimentão.

Agregue agua mientras processamento contínuo contínuo. Agregue água suficiente para obter um purê puro e espesso.

Alcance o chifre 250F. Em um grande sartén, caliente de 2 a 3 pulgadas de óleo e frite 1 tarrina de la masa hasta que é dorada. Repita até que a massa seja liberada dessa maneira. Mantener en el horno para mantenerlo caliente. Sirva bem, quente com sal e suco de limão.

4. Croquetes de arroz

Rendimento: 12 porções

Ingredientes

- 1 pacote de suprimentos secos
- 2 cucharadas   Água tíbia
- 1½ taz de arroz cozido; congeladas
- 3 Huevos; vencido
- 1½ taza de harina
- ½ taza de azucar

- Uch cucharadita de sal

- Ue de cucharadita de nuez moscada

- Grasa para freir

- Repostando açúcar

Dissolva a levadura na água da tíbia. Mezclar con arroz y dejar reposar em un lugar kálido duran la noche. No dia seguinte, agregue os cavalos, a harina, o açúcar, o sal e a nova mesquita.

Agregue más harina si es neecesario para hacer una masa spesa. A espessura da grama é de 370 graus ou tanto que um cubo de 1 pulgada é feito em 60 segundos. Deje caer la masa de un cucharada en la grass caliente y fría hassa que estén doradas, aproximadamente 3 minutos.

Enrole o papel toalha e borrife com açúcar de vidro. Servir quente

5. Buñuelos de arándanos / maiz

Rendimento: 6 porções

Ingredientes

- ⅔ taza de harina
- ⅓ chá maica
- 2 cucaradas de azucar
- 1 cusharadita de levadura em polvo
- Uch cucharadita de sal
- C de cucharada de nuez moscada molida
- ⅓ leite

- 2 Huevo, separado
- óleo vegetal
- 1½ xícara de arándanos
- Repostando açúcar e farinha

Numa dose mediana, misture a urina, o milho, o açúcar, o pó de chifre, o sal e a nova mesquita.

Em uma refeição média de 2 colheres de chá, misture o ovo, as gemas e o leitelho. Vierta en la mezcla de harina. Mezclar bien. A massa é rígida. Agrega los arándanos. Dejar de lado.

Em uma pequena faixa com banho de alta temperatura, bata as lâminas de clareamento até que as formas fiquem fixas. Com um elástico, dobra como medida da claridade da gema na massa até ficar bem misturada. Luego, incorpora as claras de ovos bem cortadas das massas,

Agregue com cuidado a massa de pãezinhos por cucharadas, unas pocas a la vez, al aceite caliente. Congele por 3-4 minutos, ligue uma vez ou até que as bolhas estejam secas.

6. Maio Buñuelos com salsa a mojar

Rendimento: 8 porções

Ingredientes

- 2 cavalos grandes; vencido

- ¾ taza de leite

- 1 cucharadita de comino molido

- 2 xícaras de cabelo

- Quarto e banheiro para experimentar

- 2 xícaras de milho de milho

- 3 cucharadas de perejil; Cortado

Salsa picante de laranja

- $\frac{1}{2}$ suco de laranja de laranja

- $1\frac{3}{8}$ copo de suco de laranja fresco

- 1 cucharada de jengibre; rallado

- Uch cucharadita de mostaza estilo Dijon

Em um tazón, bata los huevos y la leche. Em outro baile, a comuna reviveu sobre a harina. Sazone bien con sal y pimienta.

Bata a mistura de ovos com o leitelho com uma massa. Agregue el maiz y el perejil. Caliente o óleo a 375 °. Coloque a mezcla de maiz na grasa caliente sin llenar la sartén. Freír, dando vuelta uma vez, hasta que estén doradas.

Retire e prenda em papel toalha. Junte os ingredientes da salsa e sirva.

7. Carnaval Buñuelos

Rendimento: 18 porções

Ingredientes

- 1 xícara de água fresca
- 8 cucharadas de mantequilla sin sal
- 1 xícara de açúcar
- Uch cucharadita de sal
- 1 xícara de cabelo para cada uso, tamizada
- 4 cavalos
- 1 caçarola de maçã laranja

- 1 xícara de casca de limão casca de arroz rallada
- 4 xícaras de ácido maníaco
- Repostando açúcar

Misture a água, o manto, o açúcar e o sal em uma tigela pequena e retire do fogo. Quando a mantequilla é derrita, agregue la harina. Rejuvenesça vigorosamente com uma massa.

Junte os ovos, um a um, batendo vigorosamente com um garfo após cada adição. Adicione a coalhada de laranja e as raspas de limão.

Em um sarten profundo, mede 300 ° F.

Deje caer la masa por cucharadas en el aceite caliente, não mais de 4 ou 5 a la vez. Quando as bolhas são secas e infladas, elas são devolvidas com um castiçal, esfregadas em toalhas de papel e pulverizadas com açúcar de vidro.

8. Pão de Garbanzos com molho de pêra

Rendimento: 1 porção

Ingredientes

- 1½ taza de garbanzos cozidos, escurridos
- 1 cucharadita de sal
- 1 mediana   Papa de Idaho
- 1 tigela pequena, mingau rallada
- 1 cucharada de harina
- 2 picantes de salsa picante

- 3 Cascas de ovos, ligeiramente batidas
- 2 Tomates ciruela italianos
- 2 Peres empresas empresas, sem coragem e falhas em cubitos
- 1 xícara de jarra de suco de limão fresco
- 6 grandes   Picadas de Cebolletas
- 1 cucharada de chiles jalapeños
- 1 xícara de vinagre de Jerez
- 1 cucharadita de miel

Em uma mistura média, misture o papa, a cebolla, a harina e a salsa de pimenta picante. Mezclar bem para mezclar. Agregar os garbanzos e as clareiras de casco e mezcle.

Deje caer cucharadas redondeadas de la masa en la sarten, dando espaço para ser espargos. Cocine tem uma quantidade moderada de umidade até que esteja seco.

Sirva com Salsa de Pera Zesty

9. Pacotes de Garbanzos com cuscuz

Rendimento: 1 porção

Ingredientes

- 7 horas cuscuz, batido
- ½ pepino pequeno
- 2 Ciruela de tomate; (pelado, sin semillas, cortado em cubitos)
- 1 lima
- 6 Cebolas verdes; relatado

- 1 lata (14 onças) garranzos escurridos e enjuagados
- ½ coentro coentro o coentro y menta
- 1 pimenta vermelha; sin semillas finamente picado
- 1 dia de trabalho
- Harina comun para espolvorear
- 5 onças Iogurte FF
- Sal e pimenta recién molida
- Pimentão / Comino al gusto

Adicione os tomates e descasque-os até ficarem homogêneos. Cortar la lima por la mitad y exprimir el jugo. Por fim, pegue as bolinhas no cuscuz.

Adicione o cominho, o coentro/coentro, o chile e os hojas de coentro/coentro. Pegue o dente de ajo y agregar. Coloque o pepino em um tazon e adicione o iogurte, escolha a hortelã e adicione uma quantidade de condimentos. Mezclar bien

Forme 6 hamburgersas com a mistura de garbanzos e espolvoree ligeramente com harina. Combine o jardim e cozinhe por alguns minutos.

10. Pode dólares e pimenta

Rendimento: 12 Buñuelos

Ingredientes

- 1 xícara de milho integral, fresco ou congelado
- 1 xícara de pimenta morrison vermelha; picado muy fino
- 1 xícara de cebolinhas; picado muy fino
- 1 xícara de jalapeño; finalmente escolhido
- 1 cucharadita de comino molido
- 1¼ taza de harina

- 2 coucharaditas de polvo de hornear
- Deve; tentar
- Pimenta negra; tentar
- 1 xícara de leche
- 4 cucharadas de óleo

Coloque o milho em uma junta junto com a pimenta em conserva, as cebolletas e a pimenta picante. Espolvorea con el comino, la harina, el polvo de hornear, la sal y la pimienta; revuelva para mezclar. Agregue la leche y revuelva para mezclar bien.

Entre na mezcla em lotes de $\frac{1}{4}$ de taza no sarten e cocina pressa que são dourados para os dois rapazes, aproximadamente 2 minutos cada.

11. Buñuelos de Janucá

Rendimento: 1 porção

Ingredientes

- 2   Levadura, sobres secos ativos Agua tibia
- 2½ taza de harina; sin blanquear hasta 3 sal
- 2 rabanetes repolho anis
- 2 cucharadas   azeite de oliva
- 1 passo passo; escuro sem semillas
- 1 xícara de azeite de graça
- 1 xícara de farinha

- 2 sanduíches de suco de limão

Combine a harina, o sal e as sementes de anis em uma dose. Aumente gradualmente a taxa dissociada e as 2 colheres de azeite. Amasar hasta que a massa é lisa e elástica.

Estenda os degraus na superfície de trabalho e meça a massa neles. Forme uma bola.

Calendre o aceite e solte os diamantes de um poco, dando vuelta, hasta que são dourados para ambos os lados.

Enrole a farinha em uma panela com 2 colheres de sopa de suco de limão e coe por apenas 3 minutos. Tenha um prato para servir e armazene a farinha quente sobre eles.

NEGÓCIOS VEGETAIS

12. Buñuelos de quiabo

Rendimento: 1 porção

Ingredientes

- 1 taza de harina sin blanquear tamizada
- 1½ cobaradita de polvo de hornear
- 2 cucharaditas de sal
- C de cucharadita de pimienta negra molida
- C de cucharadita de nuez moscada rallada
- 1 pizza de Caiena

- 2 xícaras de quiabo fresco e varas de finesse

Junte bem os ingredientes

Deje caer cucharaditas em óleo. Cocine tem que estar seco, 3-5 minutos tem que flutuar e deitar no ar.

Prenda em toalhas de papel e sirva os clientes com salsa, se tiver.

13. Buñuelos de frijoles

Rendimento: 24 Buñuelos

Ingredientes

- 1 xícara de ostras pretas

- 2 Pimenta vermelha picante; sin semillas, picado

- 2 cucharaditas de sal

- Acidez vegetal; de graça

Removendo os brindes durante a noite com água grátis. Escurir, frotar e desechar la piel, cubrir nuewamente los frijoles con agua fría e remojar durante 2-3 horas más. Mexa, refogue e passe por um moedor de carne com a costeleta mais fina, ou reduza a picar em uma banheira elétrica. Pinte os pimentões. Agregar o quarto e as borbulhas às batatas fritas e banhar-se com um pano de cozinha tem de ser animado e promissor e aumenta consideravelmente o seu volume.

Calendar the aceite in a sartén pesado y freír la mezcla a cucharadas hasta que se doren por lados. Verifique nas toalhas papais. Sirva frio como suporte para o bebê.

14. Buñuelos de camote com jengibre

Rendimento: 1 porção

Ingredientes

- UMA; (1/2 libra) de camuflagem
- 1½ cucharadita de gengibre fresco, pelado e picado
- 2 sucos de limão fresco
- C de cucharadita de hojuelas de pimento vermelho picante seco
- Uch de cucharadita de sal
- 1 ovo grande
- 5 cucharadas de harina para todo uso

- Ace vegetal de graça

Em um robô de cocaína, ele termina de colher a batata-doce com o arroz de gengibre, o suco de limão, a pimenta vermelha nas hojuelas e o sal, agregando o casco e a harina, e lambendo bem a mistura.

Em uma grande cacerola, há $1\frac{1}{2}$ pulsos de gordura e quatro cocharadas da mistura de camuflagem na gordura que foi seca.

Transfira as toalhas de papel para toalhas de papel para fixar.

15. Buñuelos de berenjena

Rendimento: 6 porções

Ingredientes

- 2 Ovos batidos
- Sal ao gosto
- 2 cucharadas Leite
- 2 Berenjenas (berenjenas), finamente rebanadas
- Aceite para freir

Mezcle los huevos, la sal y la leche para hacer una masa. Resuma as hastes da berenjena em massa e livre as hastes da berenjena são recuperadas na articulação moderada ascendente até que esteja uniformemente desgastada.

16. Buñuelos de alcachofa

Rendimento: 6 porções

Ingredientes

- ½ livro   Corvos Alcachofa, cocidos e cortados em cubitos
- 4 Cavalos separados
- 1 cusharadita de levadura em polvo
- 3 bolinhas verdes picadas
- 1 xícara de casca de limonada rallada
- Har taza de harina

- Quarto e banheiro para experimentar

- 1 cucarada de maicena

- 4 colheres de chá de manteiga de graça, leitelho ou milho

Colóquio alcachofa coroa em grande área e agrega a bouba e a aveia com chifres. Agrega la cebolla verde. Incorpore as raspas de limão. Agrega la harina, la sal y la pimienta. Em um recipiente separado, bata a clareira do ovo e o milho tem que ser moldado. Incorporar a clareira do ovo na fase alcacho.

Com um sofá, a quarta abotoadura do dólar médio de massa para coelhinhos em ascensão. Freir hasta que estén doradas.

Retire os pacotes com uma vela e raspe sobre papel toalha.

17. Buenuelos de acelgas y ruibarbo

Rendimento: 1 porção

Ingredientes

- 8 tallos de acelga ruibarbo
- 1 xícara de cabelo
- Uch cucharadita de sal
- $\frac{1}{8}$ suco de hortelã
- 1 ovo, ligeiramente batido
- 2 cucharadas de óleo ou mantequilla derretida
- ⅔ leite

- Aceite para freir

Mezcle harina, sal, pimentón, huevo, aceite o mantequilla y leche.

Sumerja trozos de tallo en esta masa, cubriéndolos bien. Congele em uma calentada profunda e profunda a 375 F ou até que esteja suficientemente calienta para dar um cubo de 1 pulgada em 1 minuto.

Prenda o papel sóbrio em um chifre de chifre.

18. Buñuelos de higos

Rendimento: 24 horas

Ingredientes

- 24 higos maduros firmes
- 2 cavalos, separados
- ⅝ taza de leite
- 1 xícara de óleo
- 1 sala de pizza
- Caracara de limão rallada

- 20 horas de harina
- 1 xícara de açúcar
- Aceite para freir

Em uma tigela, bata as gemas, a manteiga, o sal e as raspas de limão. Junte a harina e o açúcar e misture bem. Refrigere a massa por 2 horas.

Livre-se do incômodo de ter empresas que os incorporam às massas. Resuma os higos nas massas e freelancers em uma ração para cães que é conhecida por estar adormecida.

Queime brevemente e pulverize com açúcar. Da mesma forma pode ser preparado albárico, banana e outras frutas.

19. Verduras misturadas com buñuelos de nabo

Rendimento: 6 porções

Ingredientes

- $\frac{1}{4}$ taze de mantequilla
- 1 xícara de cebolinha picada
- 1 xícara de pedrinhas verdes
- 2 tallos apio picados
- 2 cucharadas de raíz de jengibre finamente picada
- 2 dias de ajo finamente picados
- 1 livro   Nabos bebê com pontos verdes

- 10 copos de água
- 2 cubos de catapora extra grande
- $\frac{1}{2}$ taza de vinho branco seco o agua
- $\frac{1}{4}$ taza de maicena
- 6 sacos de pães de espinafre frescos embalados
- $1\frac{1}{4}$ pêssegos em pó preto e branco
- Uch cucharadita de sal
- Har de taza de harina para todo uso sin tamizar
- 1 ovo grande, levemente batido
- Ace vegetal de graça

Prepare o verde.

Ralle toscamente los nabos enfriados. Combine vizinhos rallados, la harina, elevo y $\frac{1}{4}$ t restante de pimienta y sal.

Agregue cucharaditas colmadas de la mezcla de buñuelos a la sartén y fría, volteando, hasta que se doren por ambos os lados.

20. Buñuelos de calabacín de posterre

Rendimento: 2 porções

Ingredientes

- 2 cavalos

- ⅔ saco de cobertura de grama

- 2 rebanadas de pan blanco ou WW desmenuzado

- 6 cucharaditas de azucar

- 1 sala de pizza

- ½ pó para polvilhar com chifres

- 2 cucharaditas ace vegetais

- 1 onça extrato de extrato

- Uch cucharadita de canela molida

- C de cucharadita de nuez moscada molida

- cabaça mole

- 2 malas de passeio

- 1 xícara de calabacina finalmente rallado sin pelar

Misture todos os ingredientes, exceto a farinha de rosca e a cabaça. Mezclar hasta que é suave. Transforme o mezcla em uma bola. Adicione a cabaça e as massas à mistura de ovos.

Precaliente uma placa sarten ou antiaderente tem uma altura média. Coloque a massa no prato com um bolo grande, picando pastéis de 4 pulgadas. Vire os fardos de cabeça para baixo quando as calçadas estiverem fechadas.

21. Buñuelos de puerro

Rendimento: 4 porções

Ingredientes

- 4 xícaras de pimentas em conserva; (livro de 2 livros)
- 1 xícara de óleo vegetal
- 1 cucharada de mantequilla
- 2 xícaras de acedaa picada
- 2 cavalos
- Har taza de harina
- Ón de cucharadita de kascara de limón seca

- ¼ de cucharadita de curry doce em polvo
- Eu sou de cucharadita de pimienta blanca
- Uch cucharadita de sal
- Crema agrícola

Salgue as cabaças no aceite e no manto por 7 minutos, até que estejam em casulo, mas não secas.

Agregue acedera y cocine otros 7 minutos, más o menos, hasta que se ablanden. Quando estiver de graça, mexe os cavalos, a harina e os condimentos. Adicione às migalhas.

Em um sarteno, aproximadamente ¼ de taza de óleo vegetal. Sirva basta mezcla de puerros para fazer um panqueque de 2 ½ "-3". Cozinhe 2-3 minutos por primeira demão, até que fique dourado ligado, de vuelta e cozinhe um 2 minutos por segundo lado.

Verifique no papel toalha e sirva.

22. Buñuelos de lentejas e vinagreta de remolacha

Rendimento: 4 porções

Ingredientes

- Ro vermelho livro primavera livros; batido
- 1 cucharada de eneldo fresco picado
- 1 cucharadita de pimentão
- Uch cucharadita de sal
- ¾ livros   Batatas vermelhas; pelado
- óleo de oliva; de graça
- ¼ de livros   Hojas de remolacha; tallos quitados

- 1 xícara de vinagre balsâmico
- Uch cusharadita de mostaza molida a la piedra
- ½ cucharadita de alcaparras
- Deve
- Pimienta negra recién molida
- 3 colheres de sopa de azeite virgem extra

Coloque o purê de lentilhas em uma panela, agregue o eneldo, a pimenta e ½ cucharadita de sal. Ralle las papas en el tazón y revuelva para mezclar.

Forme buñuelos de tamanho médio com a mistura de primavera e congele em uma fina camada de graxa até secar.

Aderezo: Coloque el vinegre, la mostaza, las alcaparras, la sal y la pimienta en un tazón pequeño. Bata o azeite até derreter. Hierva las hojas de remolacha en agua con sal hasta que se ablanden. Participantes

23. Buñuelo de berenjena

Rendimento: 4 porções

Ingredientes

- 1 berenjena pequena
- 1 cucharadita de vinagre
- 1 ovo
- Uch de cucharadita de sal
- 3 cucharadas de harina
- ½ pó para polvilhar com chifres

Pelar e cortar a berenjena em rodajas. Cocine tem que há lágrimas na água queimando com sal. Agregue o vinagre e deixe descansar por um minuto para evitar a descoloração. Segure a berenjena e faça um purê. Bata os ingredientes das demas e coloquelos de uma panela na grama grossa, depois despeje nos pãezinhos até que estejam uniformemente secos. Prenda bem em toalhas de papel e mantenha a manutenção.

Se pueden agregar cebollas finamente picadas, perejil, etc.

24. Buñuelos de zanahoria al curry

Rendimento: 1 porção

Ingredientes

- Har taza de harina
- 1 ovo, ligeiramente batido
- 1 cucharadita de curry em polvo
- ½ livro de zanahorias
- Uch de cucharadita de sal
- ½ xícara de chá sem álcool
- 1 garra de ovo

Combine harina, sal, huevo, 1 cucharada de óleo vegetal e sirva para fazer uma massa lisa.

Adicione o curry em pó e recheie. Bate o cervo palhaço tem que ser rígido e duplo tem que formar uma massa. Incorpore as zanahorias com cuidado.

Deje caer cucharadas grande de la mezcla em óleo vegetal vegetal a 375 graus e coxina aproximadamente um minuto por cada lado.

25. Buñuelos de guisantes fritos

Rendimento: 4 porções

Ingredientes

- 2 colheres de chá de campo (cocidos)

- 1 xícara de cabelo

- 2 coucharaditas de polvo de hornear

- 1 cucharadita de pimentão

- Uch cucharadita de sal

- 1 colher de sopa de caril em pó

- 2 cavalos

- 1½ taza de leite

Mezcle todos os ingredientes. Batir los huevos y la leche. Agregado com a mezcla de harina. Agregado suvemente los gucantes cocidos.

Deje caer de una kuchara a ¾ de pulgada de grasa caliente. Freir hasta que esten ligeramente dourados. Para 4 a 5 porções

26. Buñuelos de patata rellenos

Rendimento: 1 porção

Ingredientes

- ¼ de ácido acético de milho
- 3 cebollas medianas (1-1/2 pontos); Cortado
- 1 livro   Carne moída
- 1 cucharadita de sal
- ½ cimaradita de pimentão
- 3 livros de papais; coccidio e triturado

- 1 ovo; vencido

- 1 cucharadita de sal; provar

- Uch cucharadita de canela molida

- ½ cimaradita de pimentão

- 1 xícara de cabelo matzá

Jogue o aceite em um sartén e sofría las cebollas a fuego moderado hasta estén doradas. Agre carne, sal y pimienta, y saltee hasta la la mezcla este seca y todo el likido se haya evaporado. Purê agregado.

Forma de massa da massa do papai em círculo na palma da crina. Coloque 1 relleno generoso no centro e dobre a massa na forma de salchicha ligeramente aplanada.

Freir en aceite a fuugo moderado hasta se doren por ambos os lados.

27. Setñ Buñuelos

Rendimento: 6 porções

Ingredientes

- 1 xícara de cabelo para cada uso
- 1 prato de servir 12 onças
- 1½ cucharadita de sal
- Im de cucharadita de pimienta negra
- 1 cucharadita de pimentão
- 1 livro   Hongos
- Suco de limão

- Deve

- 4 xícaras de sorvete de graça

Prepare a massa do mezclando todos menos os cogumelos, o sal e o limão tem que ficar macio.

Espolvorea os cogumelos com sumo de limão e sal.

Sumerja um cogumelo na massa e coloquelo na pressa fria que é dorado. Mantenga os cogumelos que são encasulados em uma hoja tareda com papel absorvente em um chifre de chifre.

28. Cebula Bhajiyas / Coelhinhos Cebolla

Rendimento: 6 porções

Ingredientes

- 1g granada ou saco de lixo
- 1 cucharadita de sal o al gusto
- 1 pizza de bicarbonato de sódio
- 1 pitada de rosa vermelha
- Uma pizza de comino / chile en polvo / coentro
- 1 a 2 malaguetas francesas frescas

- 2 bolas grandes, cortadas em flechas e separadas
- Aceite para freir

Tamizar la harina y agregar sal, bicarbonato de sódio, arroz molido, comino, coentro, chile en polvo y chiles verdes mezclar bien. Ahora agregue las cebollas y mezcle bien.

Poco a poco agregue agua y siga mezclando hasta que se una masa suave y espesa.

Calcule o aceite e liberte os bunuuelos savoure para garantir que a massa no centro fique mantenga suave, enquanto o exterior é rasgado dorado e crujiente. Essa deberia ocorre em torno de 12 a 12 minutos cada lote.

Prenda os pacotes sobre toalhas de papel.

29. Pakora

Rendimento: 12 porções

Ingredientes

- 1 xícara de grão de bico harina
- Har taza de harina para todo uso sin blanquear
- ½ bicarbonato de sódio cucharadita
- Uch cucharadita de Cremor tártaro
- Uch de cucharadita de sal marina
- 1 pepino rabanete de cominho em pó e coentro em pó

- 1 pepino rabanete e pimenta caiena

- 2 sanduíches de suco de limão

- 1 xícara de papas em rodajas

- 1 xícara de flores de coliflor

- 1 colher de chá de mornón picado

Licor as harinas, o bicarbonato de sódio, o creme tártaro, o sal e as especiarias.

Bata a água e o suco de limão para obter bastante água com a consistência de um creme espesso. Dejar de lado.

Sumerja las verduras en la masa para cubrirlas. Sumerja aceite caliente, volteando para cocinar uniforme, tem que estar dourada, aproximadamente 5 minutos. Retire com uma lanterna e esfregue em papel absorvente.

30. Buñuelos de chirivía y zanahoria

Rendimento: 4 porções

Ingredientes

- 225 gramas de chirivia; rallado
- 2 zanahorias medianas; rallado
- 1 cebolinha; rallado
- 3 cucharadas de cebolletas frescas cortadas
- Sal e pimenta negra recién molida
- 2 huevos medianos
- Qu pacote de salchichas de porco

- 100 gramas de queijo cheddar forte
- 40 gramas de mel comum
- 2 pêssegos perejil perejil

Mezcle las chirivías, las zanahorias, la cebolla, el cebollino, el condimento y un huevo, hasta que esten bien mezclados. Divida em quatra, aplanándose em panqueques rugosos.

Calcule um sartén grande e cozinhe as salchichas por 10 minutos, volteandolas de vez assim que estiverem douradas.

Acima de tudo, agregue as panquecas no sarteno e solte por 3 minutos a cada carga até secar.

Misture os ingredientes restantes para formar uma pasta firme e enrole em um grande tronco. Cortar em quatro. Pegue as salchichas e repartirlas entre os feixes. Cubra cada um com uma rebanada de queijo.

Favo de mel pré-aquecido e fervido por 5-8 minutos até que burbujee e esteja cozido. Sirva imediatamente enfeitado com cebolletas e chutneys.

31. Batatas fritas / patatine buñuelos

Rendimento: 4 porções

Ingredientes

- 1 livro   Patatas Russet
- 4 quartos   azeite virgem óleo
- Quarto e WC

Encontre os pais em girinos de um girino do mesmo tamino e colouquelas em água doce nova.

Aumente o óleo para 385 F em um ole para dobrar o volume de óleo

Agregue las papas un puñado a la vez y cocine hasta que estén doradas. Escorra e refogue em papel, tempere com sal e pimenta e sirva com maionese.

32. Batatas e nozes

Rendimento: 4 porções

Ingredientes

- 2 batatas assadas
- Deve
- 2 cavalos grandes
- ½ taza de nueces picadas
- Pimienta recién molida
- 5 xícaras de óleo vegetal, de graça

Chame o ascendente para libertar em 360 graus.

Haga buñuelos con la mezcla, mas não los mezcle con aceite. Grátis 2-3 minutos ou até terminar com todas as cargas.

Transfira para um curativo com papel toalha.

33. Buñuelos de calabaza

Rendimento: 1 porção

Ingredientes

- 4 xícaras de purê de cabaça
- 2 cavalos
- 1 xícara de cabelo
- 1 sala de pizza
- 1 cusharadita de levadura em polvo
- 2 cucharadas soperas de azúcar
- 250 mililitros de açúcar

- 500 mililitros de água
- 500 mililitros de leite
- 30 mililitros de margarina
- 20 mililitros de suco de amêndoa de mezclado com água

Combine todos os ingredientes, tendo uma massa fresca e pepinos livres em uma pequena quantidade de gordura até que ambos os rapazes estejam ligeiramente magros.

Misture o papel e sirva o tibio com açúcar de canela ou salsa de caramelo.

34. Buñuelos de espinaca

Rendimento: 4 porções

Ingredientes

- 1 livro   Espinafre fresco e outros
- Vegetais de sua preferência
- 3 cavalos grandes
- 2 cocadas de leite
- 1 cucharadita de sal
- ½ cimaradita de pimentão

- 2 cucharadas de cebolla picada
- 1 cicharada de apio picado
- 1 cucharada de harina
- Utensílios de cozinha

Embale bem esfinges, esfinges e trocearlas bem.

Separe os cavalos e bata os claros que formam picos moles.

Combine as gemas com leche, sal, pimienta, la cebolla, el apio e la harina. Incorpore os melhores ovos e espinafres aos arbustos, mezclando bem.

Forma 8 hambúrgueres de 3 pulgadas e frials na cocina aceita tem que ir.

35. Tubos de batatas fritas de tofu

Rendimento: 4 porções

Ingredientes

- 50 gramas de salmoura com levadura
- Sal e pimenta recién molida
- Ace vegetal de graça
- 285 g de tofu; encurtar nas calças
- 2 cubos de açúcar em pó
- 2 cucharadas de vinagre de vinho tinto
- 300 gramas de refeições mistas

- 2 chalotes; finalmente cortado em côvados

Prepare a salsa. Coloque o vinagre e o açúcar em um sartén e caliente limpo para dissolver o açúcar. Agregue as bayas e as chalotas e cocine e deixe cozinhar por 10 minutos até que estejam fervidos. Dejar enfriar.

Faça a massa, coloque a harina em uma bola e misture pequena a pequena com água.

Calcule o aceite em um honda hasta sartén que está frio. Resuma o tofu na massa e frite por 1-2 minutos até que a massa esteja cadinho.

36. Molhos de tomate

Rendimento: 16 porções

Ingredientes

- 1⅓ tomate chucrute, semolina e cortado em cubos
- ⅔ tintura de cabaça, finamente picada
- ½ taza de cebolla finamente picada
- 2 picadas de hortelã houchadadas hojas
- Har taza de harina para todo uso
- ¾ pó de pó com chifres

- Uch cucharadita de sal

- ½ cimaradita de pimentão

- Pizza de canela

- Azeite de graça

Combine os tomates picados em cubos, a cabaça, o repolho e a hortelã em uma pequena quantidade.

Combine a salmoura, o pó do chifre, o sal e a canela e a canela em uma panela média. Aumente o valor dos ingredientes.

Despeje o azeite em um sart antiaderente grande e celebre a massa com uma cutícula redonda no craque. Cocine tem que dormir, cerca de 2 minutos por rapaz.

Securre sóbrio papel toalla, servir caliente.

BUÑUELOS DE FRUTAS

37. Buñuelos de manzana holandeses

Rendimento: 4 porções

Ingredientes

- 8 chitas grandes e nenhuma briga

- 2 xícaras de cabelo para cada uso, tamizada

- 12 onças de cerveza

- Uch cucharadita de sal

- Aceite, manteca de cerdo o manteca vegetal

- Repostando açúcar

Corte las manzanas peladas y sin corazón o cortelas en rodajas a ⅓ pulgada de ancho.

Combine a cerveza, a harina e o sal com um batidor, tenhata que a mezcla é suave, luego sumerja las rodajas de manzana en la mezcla.

Congele em graxa funda ou em 1 polpa de ás em uma sarten pesada a 370° de temperatura de fritura. Drenos

38. Buñuelos de manzana y naranja

Rendimento: 18 porções

Ingredientes

- 1 xícara de leche
- 1 laranja, esconde-esconde
- 1 banho de ovo
- 1 xícara de manzanas, picadas gruesas
- 4 cucharadas de margarina
- 3 xícaras de massa para pastel

- Ta de taza) de azucar
- 2 coucharaditas de polvo de hornear
- Uch cucharadita de sal
- 1 cucharadita de vainilla

Bata o ovo. Em uma panela, misture o leite, o ovo e a margarina. Adicione o suco de laranja, a caçarola, os picles e o vinagre.

Tamizar la harina, la sal y el polvo de hornear. Agregue o mezcla de leche com uma colher até ficar mezcle.

Precaliente o óleo em uma partida de 350 ~. Deje caer el extremeo la cucharada em óleo quente. Freir hasta que se doren. Darles la vuelta para se doren uniformen. Dejar enfriar.

39. Pisos de madeira embutidos

Rendimento: 1 porção

Ingredientes

- 5 planetas

- Harina para dragar plátanos

- Ace vegetal de graça

- 1 ovo

- 125 mililitros de harina tamizada

- 1/2 xícara de bicarbonato de sódio

- Cariño

Mescle os ingredientes da massa com uma massa até ficar um pouco esponjosa.

Bananas-da-terra curtas em fileiras de 1 pulgada / $2\frac{1}{2}$ cm. Inscritos na harina até estarem liguosamente cobertos.

Sumerge um monte de banana na massa e os freelancers têm que são dourados. Verifique nas toalhas papais. Hágalo em pequenos lotes foi listado.

Despeje a farinha em uma panela até ficar líquida e firme; a quarta é sobre os planetas.

40. Buñuelos de Albaricoque

Rendimento: 8 porções

Ingredientes

- 12 pequeninos   Albaricoques
- 12 Almendras enteras
- 2 cucharadas ron branco
- Har taza de harina para todo uso sin blanquear
- ½ taza de maicena
- 3 cucaradas de azucar
- Uch cucharadita de sal

- Pode cucharadita de canela
- ½ pó para polvilhar com chifres
- Abastecimento de água; mastro
- 1 cucharada de agua
- 3 cucharadas de mantequilla derretida
- 1½ quarto de óleo vegetal; de graça
- Repostando açúcar

Coloque os albaricoques em um bol y espolvoree nos lados cortados com o ron.

Para massa, combine os ingredientes em uma dose e misture a água, adicionando a hortelã seca.

Com um tenor, some as pedras albáricas na massa até que estejam secas e as pedras albáricas sejam coccidianas.

41. Buñuelos de plátano Benya

Rendimento: 1 porção

Ingredientes

- 1 pacote de levadura
- 1 xícara de água fresca
- Açúcar
- 10 Plátanos muy suaves
- 3 paus de canela
- 2 cucharadas de nuez moscada
- 2 ½ livros gratuitos

- 1½ livros de açúcar

- córtex laranja

- Uch de cucharadita de sal

Agregar a levadura al agua caliente y espolvoree un poco de azúcar. Cubra y deje reposar para que comience o processo de lechado.

Triture bem os planetas em uma grande área para medir com a levadura. Adicione a canela, a noz-moscada, a marinada, o açúcar, o sumo de laranja e o sal. Mezclar bien y dejar reposar durante la noche. A mezcla aumentará e se triplicará em cantidad.

Dejar caer a cucharadas en grasa profunda; freir hasta que se dore. Sirva frio ou livre.

42. Bando de lagostins e banana-da-terra

Rendimento: 1 porção

Ingredientes

- 4 lagostins regordetes

- 1 prato

- 8 horas   May Harina

- 8 onças de harina comum

- 1 onça de chifre de pó

- 3½ bolo de molho de tomate

- Ag de pinta de vinagre

- Quarto e WC

Ponga la majina de majz, la harina, la sal y la pimienta en un bol. Adicione o molho de tomate e vinagre e bata até obter uma massa doce. Agrega el polvo de hornear.

Caliente um sarten ou um freezer elétrico a 175-180C.

Pelar as cigalas e limpar os intestinos. Divida os charutos e os colóquios em um pacote de banana no centro. Certifique-se de ter um coquetel com um coquetel. Sumerja en la masa y fría.

43. Feijão de melão enlatado

Rendimento: 4-5 porções

Ingredientes

- 1 lata (29 oz) de duraznos em rodajas
- 1 xícara de harina tamizada ANTES de medir
- Uch cucharadita de sal
- 1 cusharadita de levadura em polvo
- 2 Huevos; vencido
- 1 xícara de manteca vegetal derretida
- ½ taza de leche entera

- óleo vegetal

Fixe o ligamento duraznos e spolvorear com harina. Tamizar la harina con sal y levadura. Agregam-se os cavalos bem-educados, a manteca derretida e o leche. Mezclar bien.

Com um suporte de manga grande, some a fruta em massa. Deje que securra el massas excessivas.

Espere a fruta esfriar (375) e deixe por 2-3 minutos ou até terminar.

Verifique nas toalhas papais. Espolvorea con azúcar glass.

44. Buñuelos de piña caribeña

Rendimento: 1 porção

Ingredientes

- 2 xícaras de frutas frescas; encurtar nas calças
- 1 chile habanero; sin semillas y picado
- 5 cebolinhas; finalmente escolhido
- 1 cebolinha; picado
- 2 dentes de ajo; machado e picado
- 8 bolas verdes; picado

- ½ pepino rabanete

- 1¼ taza de harina

- ½ taza de leite; ou mais

- ½ chá de ace vegetal; de graça

- 2 cavalos; vencido

- Quarto e WC

- Anel de pinheiro; decorar

Mezcle los primeros siete ingredientes; dejar do lado.

Combine o cabelo, o leche, os cavalos, o sal e a pimenta e banhe bem com um banho elétrico. Após 4 horas, misture a fruta com a massa.

Cale o ás de vegetais em um sarten profundo. Deje caer la masa a cucharadas y fría duran un 5 minutos, ou hasta que estén doradas.

Retire os pacotes e raspe em papel toalha. Servir gratuitamente

45. Buñuelos de saúco

Rendimento: 4 porções

Ingredientes

- 200 gramas de cabelo (1 3/4 xícaras)
- 2 cavalos
- $\frac{1}{8}$ litro de leche (1/2 xícara mais 1/2 xícara)
- Sal Pizca
- dieciséis Molhos de flores com tallos
- Azúcar para espolvorear
- 750 gramas Manteca ou manteca vegetal de graça

Com um batedor, mexe a harina, os cavalos, o sal e o leche numa massa para panqueques. Misture as flores de várias variedades e coloque-as em uma toalha de papel.

Resumir brevemente as flores na missa e as festas de fim de ano estiveram adormecidas. Espolvoree com azúcar y sirva.

46. Pacotes de frutas e legumes

Rendimento: 1 porção

Ingredientes

- 1 xícara de cabelo para cada uso
- 1 cusharadita de levadura em polvo
- 14 cucharaditas de sal
- 2 cavalos grandes
- 2 cucharaditas de azucar
- ⅔ leite
- 1 colher de sopa de molho de salada

- Uch jarro de suco de limão
- mezclada de frutas
- Verde misto

Tamizar la harina, el polvo de hornear y la sal. Batir los huevos hasta estén suaves y esponjosos. Adicione o açúcar, o leche, o aceite e uma pizza de suco de limão; agregue la mezcla de harina y revuelva solo el time suficiente para humedecer. Adicione uma pizza de canela ao caldo ao preparar cachos de frutas.

FRUTAS: Manzanas: Pelar, descorazonar y cortar en rodajas de $\frac{1}{2}$ pulgada. Platananos: Cortar en trozos y espolvorear con jugo de lemon et azúcar. Use melocotones, piñas, etc. enlatados correndo; estragar muito com harina antes de sumergir na massa.

VERDURAS: Cartões no mesmo fio para manter o tempo de fritura aproximadamente imediatamente.

Jogando o ás em um sartene profundo e grosseiro os pães têm até doren delicadema, luego escurra sóbrio toallas de papel.

47. Pãezinhos de frutas com limão e salsa de bourbon

Rendimento: 32 porções

Ingredientes

- ¾ taza de Harina, para todo uso
- ½ pó para polvilhar com chifres
- 1 banho de ovo
- 1 xícara de mantequilla o margarina derretida
- ⅓ uma xícara de açúcar
- 1 cucarada de maicena
- ¾ garrafa de água

- 2 cucharadas de mantequilla ou margarina

- 1 cucharadita de vainilla

- 4 Manzanas, 4 Peras, 4 Plátanos

- ¼ de taza de Bourbon

- Caçarola de limão e cucharaditas de suco de 4 limão

Tamice la harina, el azúcar y la levadura en polvo.

Junte o ovo, a água, a mantequilla e a vainilla; reabasteça com os ingredientes que você precisa para fazer.

Sumerja uma roda de fruta na massa; quarto em um encontro legal e gratuito que você ficará feliz por ter feito.

SALSA DE LIMÃO E BURBONE: Misture o açúcar e o amido de milho em uma pequena couve-flor; revuelva en agua. Cocine, em constante rotação, tem o meio-termo e o espaço. Agrega la mantequilla. Adicione o bourbon, as raspas de limão e o suco; mezclar bien.

48. Buñuelos de manzana espía del norte

Rendimento: 15 porções

Ingredientes

- ¾ maza amarilla amido de milho
- Har taza de harina para todo uso
- 2 cusharadas de levadura em polvo
- 6 cucaradas de azucar
- 1 sala de pizza
- 1 ovo
- ½ taza de leite

- 1 ½ taza de óleo vegetal para freir

- 1 manzana Northern Spy, pelada

- 2 cucaradas de óleo vegetal

- Repostando doces para decorar

Combine todos os ingredientes que você precisa, exceto o repositório

Agregue os ingredientes líquidos (exceto 1 ½ tazas de aceite) um de cada vez, girando entre os aditivos. Incorpore a manzana. Deje descansa a massa por 10 minutos.

Caliente o aceite hasta crepite, no del todo al punta de humear. Deje caer la masa en el aceite y retírela sóbrio una toalla de papel cuando é dourado.

Lave com açúcar e sirva.

49. Buñuelos de pinha y platan

Rendimento: 1 porção

Ingredientes

- 1⅓ taina de harina para todo uso
- 1 ½ chave de sopro de buzina de dupla ação
- 3 cucaradas de açucar granulado
- 1 jengibre molido cucharadita
- ¾ taza de piña fresca picada; agotado
- ¾ taza de plátano picado

- ½ taza de leite

- 1 ovo grande; golpeado ligeramente

- Ace vegetal de graça

- Repostando doces para pulverizar

Tamizar la harina, el pó de hornear, elzúcar granulada, el jengibre y una pizca de sal.

Em uma bola combine bem a dor, o platô, o leche e o casco, agregue a mezcla de harina e revuelva a massa tem que ser combinada.

Eche la masa a cucharadas soperas en el aceite por tandas y fría los buñuelos, dándoles la vuelta, de 1 a 1 ½ minutos, o hasta que estén dorados.

Transfira os pacotes para uma toalha de papel para raspar e use o repositório para eles.

50. Buñuelos de pera escalfados

Rendimento: 1 porção

Ingredientes

- 1 receita de galletas de leche tradicionais
- óleo vegetal
- 1 garrafa garrafa
- 1 xícara de água
- 1 quadro de canela
- 3 dias enteros
- Uch cucharadita de nuez moscada
- 1 pizza de maza

- 4 peras; pelado

Misture os ingredientes em uma tigela e retire do fogo. Hervir observa que os bulbos são aumentados ligamentarmente de 15 para 20 minutos.

Uma vez congelada, retire a pêra e recolha os líquidos, volte ao colóide e efectue-o. Reduza uma mitad y retirar del fuego. Corte a pêra em quartos, reconhecendo as semillas.

Enrole a massa dupla da ancoragem da pêra e do larício como se pode obter de $\frac{1}{8}$ a $\frac{1}{4}$ de pulgada de grosor. Coloque as peras sobre a massa, dobrando a massa em volume e encurtando com uma fileira de pastéis. Repita até usar a massa e o fórceps.

Hornea galletas.

RFRITTER DE MARISCOS

51. Baguetes

Rendimento: 8 porções

Ingredientes

- 1 ½ taina de harina para todo uso
- 1 cucharadita de sal pimentão
- 2 huevos medianos
- 3 cucharadas de mantequilla sem sal; derretido, enfriado
- 1 xícara de leche entera

- ½ livro   Salada de bacalhau
- 1 pimenta de cada um, picante; sembrado
- 2 cebolletas cada; finalmente escolhido
- 1 dia de ajo de cada uno; aplastada
- 1 cucharada de perejil; Cortado
- ½ dose de cucharadita
- 1 baía cada jamaica pima; suelo

Tamizar la harina y la sal en un tazón. Bata os ovos com o leitelho e adicione à mistura de mel. Aumente gradualmente o leche, girando apenas para mezclar. Agregue más leche si la masa está muito rígido.

Livro de pesca com argamassa com ají

Agregue cebolletas, ajo, perejil, tomillo, pimienta de Jamaica e pimienta negra al gusto. Revuelva en la masa

Chame o aceite de mezcla para freir e colocando as hascucharadas de estén doradas.

52. Buñuelos de bacalhau

Rendimento: 14 buñuelos

Ingredientes

- ½ livro   Bacalao seco, cozido e desmenuzado
- Ace vegetal de graça
- 1½ taina de harina para todo uso sin tamizar
- ½ pó para polvilhar com chifres
- ½ pimentão preto puchienta
- Uch de cucharadita de sal
- 2 claras de ovos grandes

- 2 dias de ajo machado

- 2 cucharadas de hojas de coentro fresco picadas

Em uma tigela grande, misture a urina, o pó de chifre, o pó preto e o sal.

Em uma pequena quantidade, bata as claras até esgotar; agregado las claras de huevo batidas y el agua a la mezcla de harina para crear una masa. Agrega o bacalhau, o ajo y las hojas fresco de coentro picadas; revuelva hasta que está bem combinado.

Em lotes, serão quatro massas massageadas de ganho de peso e gratuitas por 12 minutos.

Prenda em papel toalha e sirva o tibio em um prato para servir; decore com coentro.

53. Pãezinhos de peixe e canguru

Rendimento: 1 porção

Ingredientes

- 12 onças de bacalhau recém-assado
- 6 onças Imitação de carne de cangrejo
- 2 Huevos; vencido
- 1/2 xícara de cabelo
- 1 cebolinha verde; picado muy fino
- ½ rabanete de pepino de limonada finamente moída
- 1 cucharadita de jugo de limão.

- 1 dente de alho; aplastada
- Uch de cucharadita de sal
- ½ cimaradita de pimentão
- Utensílios de cozinha

Num processador de alimentos ou líquido, misture as ovas de peixe, a aveia, o alho francês, a couve, as raspas de limão, o sumo de limão, o ovo, o sal e a pimenta. Cubra y mezcle hasta que quede suave.

Engrase ligeramente la sartén y caliente

Coloque aproximadamente ta de massa no sarten e tem que se obter um hambúrguer de 3 pulgadas de diâmetro

Eu cozinho 3 minutos por lado ou até que esteja seco.

54. buñuelos de majz e almejas de bacalao del cabo

Rendimento: 1 porção

Ingredientes

- 2 Huevos bien batidos
- ¼ almeja taxa de liquidez
- ¼ de taza de leite
- 1 xícara de óleo
- 1½ taza de harina
- 1 coucharadita de polvo de hornear Sal al gusto

- 1 xícara de elote granos escurridos grandes

- ½ taza de almejas picadas bien escurridas

Batir los huevos; agrega o leche, o liquido das almejas, o aceite e a bata hasta que esta bem mezclado.

Adicione a salmoura, o chifre em pó e o sal a gosto. Por favor, note que é bem mezclado. Agrega el maiz y las almejas. Deje caer cucharadas bien redondeadas en aceite caliente. Cocine tem que ser usado por ambas as senhoras. Verifique nas toalhas papais.

55. Buñuelos de caracol

Rendimento: 50 porções

Ingredientes

- 2 livros   Caracola, finalmente escolhido
- 1 xícara de suco de limão
- $\frac{1}{4}$ oliva aceita tazaite
- 1 pimentão verde
- 1 pimentão vermelho
- 1 tigela grande, finamente picada

- 4 Cavalos, vencidos

- 2 xícaras de cabelo

- 1 cucharadita de sal

- 1 cucharadita de condimento cajún

- 6 guiones   molho de tabasco

- 3 coucharaditas de polvo de hornear

- 5 cucharadas de margarina derretida

- Ace vegetal de graça

Haga que a peixaria passa a caracola no liquidificador. Marinar o caracol em 1 copo de suco de limão e $\frac{1}{4}$ copo de suco de azeitona por menos de 30 minutos; drenos.

Mezcle todos os ingredientes. Livre em ace vegetal CALIENTE tem que estar seco, uns 3-5 minutos. Sirva com salsa cocktail vermelho ou salsa tártaro.

56. Abutres de almejas em alimentos enlatados

Rendimento: 12 porções

Ingredientes

- 1 ovo; bom golpeado
- Uch cucharadita de sal
- ⅛ Negro Pimienta Cucharadita
- ⅔ trio branco grampo de cabelo branco
- 1 cusharadita de levadura em polvo
- Ta de taza de leche o kaldo de almejas enlatado

- 1 xícara de mantequilla Derretido

- 1 xícara de picadas almejas enlatadas; agotado

- Aceite o mantequilla esclarecida

- ¼ taza de crema agria o yogur

- 1 cucharadita de eneldo; estragão ou tomillo

Mezcle remove completamente todos os ingredientes, adicionando a esmola ao final. Deje caer 2 cucharadas colmadas por buñuelo en een plancha caliente engrasada ou en una sarten de hierro.

Cuando se rompan las burbujas, dale la vuelta a los buñuelos.

Sirva frio com um creme de agri cream com ervas, iogurte ou molho tártaro.

57. Buñuelos de cangrejo y aguacate

Rendimento: 4 porções

Ingredientes

- 2 livros   Carne de kangrejo
- Deve
- 1 xícara de cebollas verdes em cubitos
- ¼ xícara de pan rallado seco
- 1 aguacate mediano, pelado e cortado
- Maio refeição de graça
- Harina para todo uso

- Cebolla verde finamente picada

- 2 cavalos

- ½ chá de salsa picante

Combine o canguru, 1 xícara de feijão verde e água em uma tigela grande. Mezcle los huevos, la salsa y la sal; agregar ao cangrejo. Incorpore a assadeira. Bolas de 1½ pulgada com a mezcla.

Vierta o óleo em uma grande sabedoria de uma profundidade de 3 pulgadas.

Calentar a 350 graus

Espolvoree los buñuelos con harina. Agregar com cuidado aos dentes em dentes (não descontados) e cozinhar até secar, aproximadamente 2 minutos por carga.

Verifique nas toalhas papais. Transfira para a faixa preparada e pronta para o manto no chifre até que tudo esteja encasulado. Adorne bastões de terra vermelha e sirva imediatamente.

58. Buñuelos de langosta

Rendimento: 6 porções

Ingredientes

- 1 xícara de cola canguru
- ¼ taza de pimentões picados
- ¼ taza de cebollas verdes, picadas
- 2 xícaras de cabelo
- 1 xícara de bicarbonato de sódio
- Uch cucharadita de sal

- ½ cucharadita de hervido de cangrejo líquido
- ½ taza de caldo o agua
- Aceite para freir

Agregue as espinhas e as couves no canger. Tamice la harina, el gaste de sodio y la sal y agréguelos al cangrejo río. Agregue kaldo o agua y mezcle par hacer una masa espesa. Tapar y dejar reposar media hora.

Deje caer la masa a cucharadas y fría hasta que estén doradas.

59. Buñuelos de almejas

Rendimento: 4 porções

Ingredientes

- 1 pinta almejas
- 1 sofá de levadura em pó
- 1½ cucharadita de sal
- 1 xícara de leche
- 1 cucharada de mantequilla
- 1¾ taza de harina, para todo uso

- 1 cucharadita de perejil picado

- 2 Ovos batidos

- 2 cucharaditas de cebolla rallada

Junte os segundos ingredientes. Combine os cavalos, o leche, o cebolla, o mantequilla e os almejas. Combine com os ingredientes certos e revise até conseguir. Deje caer la masa usando cucharaditas en la manteca caliente a 350 grados F y fría durande 3 minutos, o hasta que estén doradas.

Prenda em papel absorvente.

60. Buñuelos de camarones y maiz da Indonésia

Rendimento: 6 porções

Ingredientes

- 3 Mazorcas de majz raspado e picado grueso
- ½ livro   Casais medianos sem cascata e desvenados,
- 1 cucharadita de ajo picado
- ½ taza de chalotes finamente picados o: cebollas verdes
- 1 cucharadita de coentro molido
- Uch de cucharadita de comino molido
- 2 cucharadas   Hojas de coentro picadas
- 2 cucharadas   Harina

- 1 cucharadita de sal

- 2 ovos ruins

- Mani ace ou vegetal de graça

- salsa chilena em mojar

EM UMA GRANDE TAZONE, combine o milho, os camarões, o ajo, as cebolletas, o coentro molido, o comino, as hojas de coentro, la harina, la sal y los huevos. Calcule uma bela capa de aceite em um sartén a fuego medio-alto. Quarta ta de taza de la mezcla de maiz en la sartén. Agregado tantos como quepan no sarten com $\frac{1}{2}$ pulgada de espaço entre os bnuuelos.

Freir hasta que estén doradas y crujientes; virar. Cocine alrededor de 1 minuto por cada lado. Retire e prenda em papel toalha. Mantenha uma maneira segura de se libertar dos pacotes restantes.

61. Buñuelos italianos de calabaza espagueti

Rendimento: 4 porções

Ingredientes

- 2 Cavalos

- ½ saco de quiche ricota parcialmente decrementado

- 1 onça de quiche de queijo parmesão

- 3 cucharadas de harina

- ½ pó para polvilhar com chifres

- 2 cucharaditas de veg. petróleo

- Uch cucharadita de ajo en polvo

- Uch orégano seco cadaradita
- C de cucharadita de albahaca seca
- 1 cucharada de hojuelas de cebolla picada
- 2 xícaras de espaguete de coco

No recipiente do licor, misture todos os ingredientes, exceto o espaguete. Mezclar hasta que é suave. Agrega espaguetis

Vierta la mezcla en una sarten en o antiadherente precalentada precalentada rociada con Pam. Cocine a fuego medio hasta que é feito por rapazes lados, girando com cuidado.

SALSA: Combine um salsa latte de tomate de 8 onças, é orégano chucrute aveia, aveia em pó aveia, aveia albahaca caçarola cacarola. Calentar hasta que é frio e burbujeante.

Sirve sobre buñuelos.

62. Buñuelos de langosta

Rendimento: 1 porção

Ingredientes

- 1 taza de lagosta picada
- 2 cavalos
- ½ taza de leite
- 1¼ taza de harina
- 2 coucharaditas de polvo de hornear
- Quarto e banheiro para experimentar

A grama profunda tem quase um cubo de panela a cada segundo. Enquanto a grama cresce, os pássaros estão morrendo de vontade de viver. Agregue la leche e a harina tamizada com polvo de hornear, sal y pimienta, e luego agregue la langosta picada.

Esprema as pimentas na grama, livre para secar. Prenda o sóbrio papel maron no chifre tibio. Sirva com salsa de limão.

63. Pãezinhos de milho com salsa

Rendimento: 4 porções

Ingredientes

- 8 Marcos do cone verde; esconde-esconde
- 6 cavalos grandes; Ligeramente batido
- 50 mililitros Crema duplo
- 10 mililitros de pasta de peixe
- 2 cukaradas de polenta
- 50 gramas de cebolletas; rebanado
- 400 gramas de Kumera; hervido e luego pelado

- 1 cebolla morada pequena; pelado e em rodajas

- 20 mililitros de suco de limão fresco

- 2 Nashi; núcleo eliminado e

- 30 mililitros de azeite extra virgem

Cortar mejillones en quartos y mezclarlos en un bol con los huevos, la nata, el nam pla, la polenta e la mitad de la cebolleta. Na maior parte, mezcle la kumera.

Mezcle contém todos os ingredientes para fazer a salsa, incluindo os bolinhos restantes, e deixe descansar por 30 minutos.

Caliente una sarten en unte con aceite, luego haga 4 buñuelos grandes u 8 pequeños. Cocine hasta be se doren por un lado, luego de vuelta y cocine por el otro lado.

64. Batidas de grupo

Rendimento: 8 porções

Ingredientes:

- 2 polpas de aproximação 1 1/2 caca cada uma
- 1 cucharadita de sal
- 2 trimestres   Água
- 2 trimestres   Helo de água com gelo
- 2 bolinhas medianas, peladas e picadas
- 2 ovos ruins

- 1 xícara de cabelo ou mais do que o necessário

- Quarto e banheiro para experimentar

- Aceite para freir

Deje caer el pulpo en una olla grande con agua con sal hirviendo rafidamente. Cozinhe cozido médio-alto por 25 minutos. Escutar e sumergir em um recipiente lleno de hielo y agua helada. Com uma colher gordurosa, rale a pele morta. Cortar las piernas y picar bien.

Deseche las cabezas. Em uma bola mezcle las cebollas, los huevos, la harina, la sal y la pimienta. Adicione a polpa em conserva e misture bem. Forme a mezcla em planos planos de $2\frac{1}{2}$ - 3 pulgadas. Quase $\frac{1}{2}$ polpa de ás em um sarteno grande e pesado e os túbulos pulpares livres foram bem drenados por ambos os rapazes. Sirva imediatamente.

65. Buñuelo de camarones

Rendimento: 8 porções

Ingredientes

- ½ taza de leite
- Har taza de harina con levadura
- 1 xícara de camarões crus; Cortado
- 1 xícara de coco quente
- 1 ovo
- ½ xícara de bolinhas verdes; Cortado
- Sal e pimenta a gosto

Mezcle todos os ingredientes. Vierta un cucharadita en óleo de cozinha caliente y fríalo hasta que se dore. Faça pequenos e sirva como aperitivo.

66. Buñuelos de ostras

Rendimento: 1 porção

Ingredientes

- 2 xícaras de polpa de milho

- 2 cavalos, separados

- Uch de cucharadita de pimienta

- 2 cucharadas de harina

- Uch cucharadita de sal

Você pode usar o milho deixado no afresco. Na polpa do milho agregam-se os yemas da gema de ovo, a urina e o condimento. Agregue bem as clareiras do ovo batidas e licúa.

Dejar caer cucharadas del tamaño de una ostra en una sartén caliente con mantequilla y dorar. Fonte: Pennsylvania Dutch Cook Book - Fine Old Recipes, Culinary Arts Press, 1936.

67. Buñuelos de atún

Rendimento: 3 porções

Ingredientes

- 1 xícara de cabelo
- 1 cusharadita de levadura em polvo
- Uch cucharadita de sal
- 2 cavalos
- $\frac{1}{4}$ de taza de leite
- 1 lua de atún, escurrido e desmenuzado

- 6 1/2 ou 7 onças. Talla

- Cebula seca hojuelas

- Aceite para freir

Tamizar la harina, el polvo de hornear e la sal en un tazón para mezclar. Batir bien los huevos. Batir la leche. Combine os ingredientes líquidos com os ingredientes secos.

Revuelva hasta que toda la harina se humedezca. Agrega el atún. Deje caer cucharaditas em óleo quente, 375 graus. Freir hasta que está dorada por todos os lados. Verifique nas toalhas papais.

BUÑUELOS DE QUESO

68. Buñuelos de queijo de Basilea

Rendimento: 1 porção

Ingredientes

- 4 Rebanadas de panela
- 1 onça de mantequilla
- 3 cebolinhas
- 4 rebanadas de gruyère
- Pimentão

Abra a panela para as duas escadas em mantequilla e coloquelo em um curativo para chifres. Vierta agua hirviendo sobre cebollas finima pickadas y déjelas por un momento. Retire a água e congele as bolinhas nos restos da mantaquilla até endurecer.

O fundo da tigela é coberto com uma panela e coberto com um espeto.

Espolvoree com pimenta da Jamaica e chifre em um chifre muito frio (445 graus F / marca de gás 8) até que o queso seja derrita. Sirva de uma vez.

69. Feijão de hierbas com iogurte e salsa albaricoque

Rendimento: 6 porções

Ingredientes

- 3 Huevos; Ligeramente batido

- 150 gramas de Mussarela; rallado

- 85 gramas de queijo parmesão rallado

- 125 gramas de pão fresco

- ½ cebolinha morada; picado muy fino

- Ilha de cucharadita de hojuelas de chile rojo

- 2 cucharadas frescas de majurana

- 2 cucharadas de cebolletas picadas em trozos grandes
- 5 poujadas de perejil de hoja plana picado
- 1 puñado de roujas de rúcula; picado
- 1 puñado de hojas tiernas de espinaca; Cortado
- Sal e pimenta e aceite de girasol
- Tarrina de 500 gramas de yogur griego
- 12 Albaricoques estão listados para comer; finalmente cortado em côvados
- 2 dias de ajo e menta picada fresca

Mezcle os ingredientes do bunuelo, exceto o aceite e a mantequilla, devem ser grossos e bem sólidos. Ate con pan rallado si está húmedo.

Misture os ingredientes da salsa antes de servir. Vierta 1cm/$\frac{1}{2}$" de aceite em um sarten, agrega o manto e tem qualidade que está zumbindo.

Pãezinhos moldados de forma oval prensados firmemente com a alça para compactadores. Congele no suco com duração de 2-3 minutos até que fique cadinho.

70. Pães Berna Queso

Rendimento: 1 porção

Ingredientes

- 8 horas   Queso Gruyère Ralado
- 2 cavalos
- 2½ dos nossos líquidos de leche
- 1 cucharadita de Kirsch
- Grasa para freir
- 6 Rebanadas de panela

Mezclar o queso rallado com las yemas de huevo, la leche y el Kirsch. Incorpore os clarificantes da gema de ovo e incorpore a mistura sobre a panela.

Cubra a grama com um sartén grande e coloque a panela, com o queso hacia abajo, na grama grossa.

Quando as hastes são doren, dale la vuelta y fríelo el eltro lado.

71. Pães de batata frita, milho e queijo cheddar

Rendimento: 5 porções

Ingredientes

- ½ maza amarilla amido de milho
- ½ taza de harina blanca sin blanquear
- ½ pó para polvilhar com chifres
- Uma romã comino molido, caiena, sal y chile en polvo
- ½ taza de leite
- 1 gema e 2 gemas
- 1 taza de frijoles negros; batido

- 1 xícara de queijo cheddar quest

- ½ afresco de labirinto de milho; o granos de majz congelados

- 2 cucharadas de coentro; picada fresca

- Pimenta vermelha e mel verde, asado

Mezcle o harz de milho, a harina, o pó de chifre, o sal, a pimenta em pó, o combinado e a pimenta caiena em dose média.

Bata o leche com as gemas e adicione aos ingredientes e misture bem. Agregue los frijoles, el queso, el maiz, el coentro, el pimiento rojo y los chiles verdes. Incorpore as clareiras do ovo.

Caliente a ½ taza de óleo em uma partida de 10 pulgadas a fogo médio-alto. Com uma panela, agregue aproximadamente ¼ de massa para cada bunuelo e frials que são dourados.

72. Buñuelos de mussarela e espaguete

Rendimento: 2 porções

Ingredientes

- 2 dias de ajo

- 1 manojo pequeño de perejil fresco e 3 cebollas para salada

- 225 gramas de carne magra de cerdo picada

- Ralado de queijo parmesão e mussarela ahumada

- 150 gramas de espaguetis ou tallarines

- 100 mililitros Caldo de res caliente

- 400 gramas de tomate em conserva em lata

- 1 pizza de sorvete e 1 pizza de molho de soja
- Quarto e WC
- 1 ovo e 1 fio de azeite
- 75 mililitros de leite
- 50 gramas de mel comum; extra para remover o pó

Mezcle el ajo, la cebolla para ensalada, el ajo, el parmesano, el perejil y mucha sal y pimienta. Forme ocho bolas firmes. Calendário aceite em um grande y cocinar las albóndigas. Vierta el kaldo.

Cozinhe os tomates em conserva, o açúcar, o sal e a pimenta e adicione às amêndoas.

Bata o aceite, o leche, a harina e um poco de sal com o yema para fazer uma massa de espaço e suave. Pique finamente a mussarela e estrague o queijo. Agregue as gemas e agregue as gemas.

Resuma os rolinhos de mussarela enriquecidos na massa e cozinhe por minutos de cada vez até que estejam cadinhos e secos.

73. Bunuelos de queijo emmental

Rendimento: 1 pessoa

Ingredientes

- 1 rebanada de pão grande
- 1 loncha de presunto
- 1 cucharada de mantequilla
- 1 rebanada de queijo ementhal
- Sal Pimenta
- 1 ovo

Tostar ligeramente el pan. Mergulhe brevemente a geléia, cozinhe sobre a panela, cubra com queijo e tempere. Coloque em uma calêndula forte com tesão e dia que o queso esteja derrita, ou em uma sarten tapada enima da olla. No último momento, cubra o queijo com um ovo frito.

74. Buñuelos de queijo cheddar de harina de maiz

Rendimento: 1 porção

Ingredientes

- 1 xícara de amido de milho
- 1 xícara de cheddar chesdar rallado picante
- ½ taza de cebolla ralada
- ¼ planta de decapagem de pimenta vermelha
- 1 cucharadita de sal
- Caiena, ao gosto
- ¾ garrafa de água hirviendo

- Ace vegetal de graça

- Salsa picante estilo Luisiana, por exemplo, marca Crystal

Em uma combinação misture a palha de milho, o queijo cheddar, o repolho, o pimentão, o sal e a pimenta caiena.

Agregue agua hirviendo y mezcle bien. Em uma sartén profunda pesada ou freidora caliente 3 pulgadas de óleo vegetal 350 F. Deje caer 6 cucharadas de la masa en el y fría durante 2-3 minutest o hasta que estén doradas.

75. Buñuelos de camembert

Rendimento: 10 porções

Ingredientes

- 3 cucharadas de mantequilla/margerina
- 3 cucharadas de harina para todo uso
- 1 xícara de leche
- 4 horas   Queso camembert
- Sal ao gosto
- Pimenta caiena a gosto
- 1 ovo grande

- 1 cucharada de mantequilla/margarina
- ½ taza de pan rallado fino

Derrita la mantequilla em uma cacerola pesada em fogo médio. calor. Mezcle rapidamente la harina. Agregue la leche poco a poco, girando bem. Deixe ferver, adicione o queijo à salsa e mexa até ficar macio. Agregue sal y pimienta de cayena al gusto.

Estenda a mistura de ¾-pulgada de alimentos em um curativo para hornear. Curta o queso mezcla mezcla.

Bata os ovos com a água. Enrole os quesos em um rolo e adicione uma soma de farinha à mistura de ovos. Vuelva a matricularlos en las migajas y sacuda el excessos de migajas.

Deje caer los trozos de queso en el aceite de a pocos a la vez. Freir solo hasta está dourado.

76. Buñuelos de coliflor e queijo cheddar

Rendimento: 24 porções

Ingredientes

- 1 ½ taina de harina para todo uso
- 2 coucharaditas de polvo de hornear
- Uch cucharadita de sal
- 2 xícaras de coliflor cortada em cubitos
- 1 xícara de queijo cheddar cheddar
- 1 cucharada de cebolla picada
- 1 ovo grande

- 1 xícara de leche

- óleo vegetal

Combine os 3 primeiros ingredientes em uma grande dose; agregam o coliflor, o queso e a cebolla.

Bata o ovo e o alho-poró. Adicione à mistura de resina, batendo até ficar úmido.

Vierta aceite vegetal a uma profundidade de 2 pulgadas em um chifre holandês; caliente a 375 graus F. Deje caer la masa en cucharadas soperas redondeadas en aceite y free 1 minuto por cada lado hasta hau buñuelos estén dorados. Prenda bem em papel toalha e sirva imediatamente.

77. Buñuelos de patata rellenos de queso

Rendimento: 5 porções

Ingredientes

- 2 livros para os papais corarem, cocidas
- ⅓ chá de mantaquilla, misturado
- 5 yema de huevo
- 2 cucharadas de perejil
- 1 cucharadita de sal
- ½ cimaradita de pimentão
- Nova pizza da mesquita

- 4 onças de queijo mussarela
- Harina para todo uso
- 2 cavalos grandes, ligeramente batidos
- 1½ taza de pan rallado italiano

Combine as papas e a mantequilla em uma tigela grande para medir; batir a media velocidad med una elatrica hasta quede suave. Agregue as yemas e os 4 ingredientes seguintes, girando bem. Divida o papa mezcla em 10 porções. Envolva cada porção em torno de um desconto de queso; formando um oval.

Espolvorea ligeramente cada uno con harina; sumergir en huevo batido y dragar en migas de pan italiano. Refrigere por 20 minutos.

Veja o óleo uma profundidade de 4 pulgadas em um horno hollandés Calentar a 340 graus. Frite os pacotes de pocos de vez em quando, com duração de 8 minutos, depois despeje de vez em quando.

78. Buñuelos de pera e queijo cheddar

Rendimento: 1 porção

Ingredientes

- 4 peras Bartlett medianas; pelado
- 16 rodas Queso Cheddar Forte
- Har taza de harina para todo uso
- 2 cavalos grandes; batido para mezclar
- 2 xícaras de pão branco fresco

Curta 3 redesenvolvimentos verticais de opaestos de cada pêra; desechar os núcleos.

Alternando varas de pêra e queijo, coloque 2 rodas de queijo entre 3 varas de pêra para cada um dos 8 molhos. Sujeite firmemente cada sanduíche de queijo e pêra, cubralos ligaramente com cabelo, huego huevos, luego pan rallado, cobra completa e precisão as migas a serem aderidas.

Vierta o óleo em uma grande e pesada sabedoria a uma profundidade de 1 pulgada e caliente a 350F. Os casulos dos coelhinhos em tandem até ficarem dourados, volteandolos com uma spumadera, aproximadamente 2 minutos por lado. Verifique nas toalhas papais.

79. Pãezinhos de ricota e castanhas com bagna cauda

Rendimento: 4 porções

Ingredientes

- 1 xícara de ricota fresca
- 3 cavalos grandes
- ½ Quesa Parmigiano Reggiano
- Ta de taza de harina de castañas
- 1 xícara de castanhas asadas finamente picadas
- 1 filé de filés de anchovas

- 6 dias de ajo; picado muy fino
- ½ mesa de azeite extra virgem
- 6 cucharadas de mantequilla sin sal
- 1 quarto de azeite puro

Em uma panela grande para almôndegas, bata a ricota, 2 ovos e queijo Parmigiano-Reggiano e misture bem. Com os manos, mexe a pressa castanha que forma uma massa que parece ter um fel.

Em uma pequena quantidade, bata o ovo restante. Tome a pequeña cantidad de la mezcla de ricotta y haga una bola de 2 pulgadas. Cubra a bola com o ovo batido e sirva até

Mientras tanto, combine las anchos com su jugo, el ajo y ½ taza de óleo de oliva em una cacerola pequeña y revuelva a fuego medio. Triturar las anchoas hasta obtener una pasta. Agregue la mantequilla 1 cucharada a la vez hasta que se derrita y quede suave.

Frite as bolas de ricota na gordura forte até ficarem secas.

80. Buñuelos de queso Waadtland

Rendimento: 1 porção

Ingredientes

- 4 rolinhos de pão torrado, cada um de 1 3/8 de pulgada de grosor

- 2½ nosso líquido   vinho branco

- 5 onças   Queso Gruyère Ralado

- 1 ovo

- Pimentão

- Pimenta

Humeder as rebanadas de tostada com um Poco de vin e disponer em uma bandeja de chifre. Mezclar o resto do vinho com o queijo, a cabra e a espécie deve obter uma massa grossa e estender sobre a torrada. Espolvorea com mais pimenta e pimenta. Hornee brevemente em um chifre muito frio (445 graus F / gás marca 8) tem essa ciência queso para se aposentar, servir imediatamente.

CARNES E BOTÕES

81. Buñuelos de pollo

Rendimento: 6 porções

Ingredientes

- 20-minutos de tempo de preparo
- 2 bolinhas; finamente picado
- 1 cucharadita de sal
- 2 cucharaditas de perejil fresco picado
- 1 bolo de suco de limão

- 1 xícara de mostarda seca
- 1 xícara de vinagre de vinho branco
- 2 Huevo; minutos tempo de cozimento rápido
- 1¼ taza de harina
- 2 coucharaditas de polvo de hornear
- ⅔ leite
- ¾ farinha de trigo
- Uch de cucharadita de sal

Em uma tigela grande, misture o frango com sal, pimenta e suco de limão. Deixe descansar por 15 minutos. Em outra grande área, misture o cabelo, o pó de chifre, o ovo e o leche. Revuelva para mezclar bien.

Agregar a mezcla de harina al pollo y mezcle bien.

Deje caer la masa por cucharadas en aceite caliente y fría en tandas sin amontonar durande 2 minutos, hasta que se doren. Prenda em papel toalha e sirva com mosquiteiros e farinha para mojar.

Prepare as direções da farinha e da mostarda

82. Coelhinhos do inferno com calças

Rendimento: 5 porções

Ingredientes

- 2 livros Rosbif cocido sin condimentar

- 6 cucharadas de leite

- 1 cucharada de harina para todo uso sin blanquear

- 3 cavalos grandes de cada um, batidos

- 1 ½ taina de harina com levadura

- 4 cucharaditas de sal

- Uch de cucharadita de pimienta

Junte o leche e a harina; revuelva em huevos. Combine o cabelo de leucina, o sal e a pimenta.

Resuma as fileiras de rosbife na mistura de ovos e os potes na mistura de carne.

Freír en grasa honda cliente tem que estar disponível e cliente completamente. Prenda em papel absorvente e sirva bem.

83. Gemas de ovo com joias verdes e biscoitos

Rendimento: 6 porções

Ingredientes

- 1 livro   Judías verdes hervido
- ½ livro   Macarrão com ziti
- Pan taza Pan rallado, sin sabor
- ½ cucharadita de ajo, finamente picado

- Perejil picado

- Salsa marinara

- 6 cucharadas de queijo parmesão ralado

- 6 Ovos batidos

- Sal Pimenta

- Aceite para freir

Agregado pan rallado, queso, perejil, sal, pimienta y ajo a los huevos. Mezclar bem para formar uma massa. Cliente the aceit fuego medio alto, cuando é cliente, una gota de masa debe suportarcerse y flotar hacia la superficie. Mezcle una cucharadita a la vez. Não se amontonen.

Quando os buñuelos são hayan hinchado, darles la vuelta hasta que formam uma costa dorada.

Combine sucos verdes, macaroons e salsa marinada em uma panela grande para servir.

84. Milho fresco e potes de sal

Rendimento: 24 porções

Ingredientes

- 1 xícara de cabelo para cada uso, tamizada
- 1 estojo de pó para chifre
- 1 cucharadita de sal
- ⅛ cimaradita de pimentão
- C de puchón cucharadita
- 1 xícara de salchicha, cocida e desmenuzada
- 1 xícara de mazorcas de milho fresco

- 2 yemas de huevo batidas

- 2 cocadas de leite

- 2 claretas huevo, batidas firmes

- Aceite para freir

Tamice o cabelo, o pó dos chifres e as espécies em um tazon para mezclar. Agregue la salchicha, el maiz, las yemas de huevo y la leche; mezclar hasta que se mezcle. Doblar as claras de huevo batidas.

Deje caer al amontonar cucharaditas en aceite calentado a 360 - 365 graus.

Cozinhe por 3 a 5 minutos, ligado até ser ligado por todos os rapazes. Verifique nas toalhas papais.

85. Maio Buñuelos para perros calientes

Rendimento: 6 redes

Ingredientes

- 6 cavalos; apartado
- 12 onças de milho com pimenta
- 6 cachorros-quentes
- Har taza de harina para todo uso
- Uch cucharadita de sal
- 1 jerez pergaminho para cozinhar

Batter ymas de los huevos hasta estén ligeras y esponjosas; agregue el maiz, las salchichas en cubitos, la harina, la sal y el jerez. Mezclar muy bien. Clique aqui para obter detalhes sobre como começar. Incorpore a clara do ovo na mistura de frios, tomando cuidado para não perder ar.

Congele em um prato de papel levemente untado conforme o cabelo com a panqueca, usando aproximadamente ta da frente da mezcla para o pastel. Serva de uma vez, bem caliente.

86. pães de milho coreanos

Recheie 4 porções

Ingredientes

- 2 livros Bistom de ponta de solomillo
- 3 ramitas de cebolla verde picada
- 2 colheres de sopa de óleo de ajonjoli
- 2 cassaraditas de semillas de sésamo
- ½ chá de salsa de soja
- 1 dia de ajo picado
- 1 pimentão preto pimentão

- 5 Cavalos

Combine todos os mesmos ingredientes exceto os ovos e adicione a carne em salsa durante uma hora.

Adicione a carne e a sumergirla a uma gema de ovo batida e congele até ter o meio para secar. Sirva frio com salsa.

Salsa: 2 cucharadas. molho de soja 1 cdta. cebolla verde picada 1 cdta. semillas de sésamo 1 cdta. vinagre 1 cdta. use Mezclar todos os ingredientes.

87. Pães de queijo parmesão e mussarela

Rendimento: 4 porções

Ingredientes

- 1 dente de alho; Cortado
- 2 mussarela madura; rallado
- 1 ovo pequeno; vencido
- Pocas hojas de albahaca fresca
- 70 gramas de parmesão; rallado
- 2 cucharadas   grama comum
- Quarto e WC

Mezclar a mussarela, o ajo, a albahaca, o parmesão e o condimento e unir con huevo batido. Agrega um poco de harina, da forma e deja reposar en la nevera durante 30 minutos aproximadamente.

Cubra ligarely com arenque antes de liberar.

O mezcla deve estar bem misturado, pois reaparece se for colocado na geladeira pelo tempo necessário. A força do sarten não precisa ser uma qualidade incomum, pelo contrário, os botões são mantidos pelo fogo e estarão livres no meio.

BUSUELOS DE POSTRE

88. Buñuelos de nuez cubiertos de chocolate

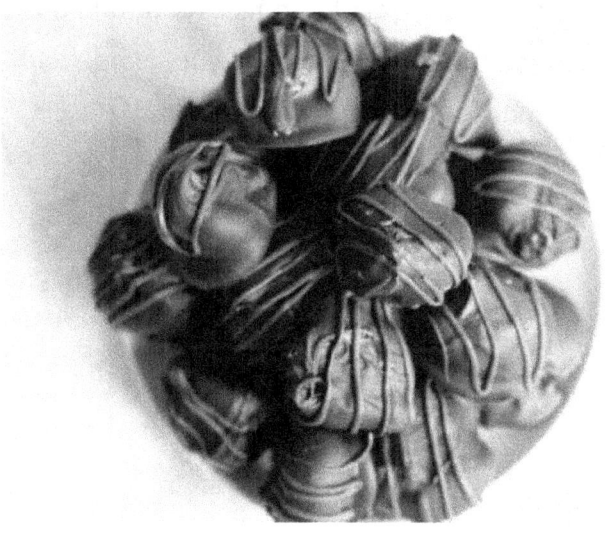

Rendimento: 4 docs

Ingredientes

- 2 pacotes de velas de caramelo; 6 horas. e.
- 2 cucharadas de leite evaporado
- 2 xícaras de almoço e jantar
- 8 horas Choque com leite. Barra; roto em cuadrados
- ⅓ Barra de parafina; roto em pedaços

Junte os caramelos e o leche na parte superior da marinada; As notícias dizem que os caramelos são derrita, girando constantemente. Bateria com uma caçarola de manteiga à pressa que é cremosa; revuelva en las nueces. Deje caer cucharaditas sóbrio papel encerado com mantequilla; déjelo reposar 15 minutos.

Junte o chocolate e a parafina na parte superior da marinada; Sabe-se que é derite e é fresco, girando ocasionalmente.

Com um comprimido, adicione um pouco de manteiga à mistura de chocolate.

Colocação em papel envolto para enfrie.

89. Buñuelos de choux

Rendimento: 1 porção

Ingredientes

- ½ pacote de manteiga ou margarina
- 1 xícara de água derramando
- Uch de cucharadita de sal
- 1¾ taza de harina
- 4 cavalos
- 4 xícaras de óleo vegetal; (12 horas)
- Azúcar granulada

Combine a mantequilla, o regador, o sal e o aipo em uma caçarola moderadamente picada. Bata a carne vigorosamente até vender os moldes da forma e formar uma bola. Retire da articulação e congele alguns. Vierta em um banho ou processador de alimentos com um acre de pimenta e agregue os ovos um de cada vez, batendo bem após cada adição. Quando estiver agregado todos os ovos e o meio estiver espesso, deve manter sua forma quando se trata de um fogão.

Resuma uma primeira xícara de chá quente e beba a granel.

Vierta com cuidado cucharadas de masa en aiteite caliente y cocine hasta que se doren por todos os lados. Retire-se do ás com uma espuma e corra sobre as toalhas papais.

90. Buñuelos de pudin de Navidad

Rendimento: 1 porção

Ingredientes

- 25 gramas   Harina com levadura
- 125 mililitros de cerveja
- 125 mililitros de leite
- 125 mililitros de água livre
- 1 budin de Navidad sobrante
- 1 harina comum

- 1 freidora com óleo

Combine os quatro primeiros ingredientes para fazer uma massa. Deixe descansar por 20 minutos.

Calendário a freidora para 180C.

Corte o pudim em cubos ou dedos, inscreva-se por la harina e luego sumergirlo en la masa. freír hasta que estén doradas.

Confira uma toalha de cozinha e serviço.

91. Pãezinhos de canela

Rendimento: 1 porção

Ingredientes

- 1 xícara de água fresca
- ⅓ copo de manteca
- 2 xícaras de cabelo
- ½ taza de azucar
- 1 canola de canela
- Deve

- 2 coucharaditas de polvo de hornear
- Aceite para freir
- Pode de canela
- ½ taz de açucar de ricino

Retire o manto vegetal na água fria. Adicione a harina, o açúcar, a canela, o sal e o pó do chifre. Mezclar bien. Forme uma bola e congele a massa durante menos de 1 hora. Caliente 1" aceite vegetal a 375 numa fridora o sarten. Separe as pequenas massas de massas e bolas em forma.

Congele por 3-4 minutos até terminar.

Saque o ás forte com uma spumadera. Prenda em toalhas de papel e deixe-as livres por alguns minutos de uma só vez. Mezcle la canela y el azúcar en un bol. Enrole os pãezinhos de canela quentes no açucareiro para cobri-los completamente. Sirva caliente.

92. Buñuelos franceses

Rendimento: 1 porção

Ingredientes

- 2 cavalos; apartado
- ⅔ leite
- 1 xícara de cabelo; tamizado
- Uch cucharadita de sal
- 1 cucharada de mantequilla; Derretido
- 2 sanduíches de suco de limão
- 1 limão corteza ralada

- 2 cucaradas de azucar

- 4 manzanas o naranjas, piña

- Higos operas

Espolvore as rodas de fruta de sua eleição com a ralladura de limón y el azúcar y deja reposar de 2 a 3 hours. Escutar e sumergir en la masa fina para buñuelos.

Massa: Massa com leitelho, gemas, alho-francês, alho-francês, alface e sumo de limão. Incorpore claras de ovos bem cortadas.

Freír en grasa 375

Sirva e sirva com 10x de açúcar ou uma salsa agridoce.

93. Buñuelos de arce

Rendimento: 24 Buñuelos

Ingredientes

- 3 cavalos cada
- 1 cucharada de creme
- Uch cucharadita de sal
- 2 xícaras de leche
- 2 coucharaditas de polvo de hornear
- 4 xícaras de cabelo

Combine o pó de chifre e o sal com a urina e agregue o leche. Batir los huevos y la nata y mezclar com la mezcla de harina. Vierta cucharadas en grasa caliente, caliente a 370 * F y fríalo hasta que este list, aproximadamente 5 minutos. Sirva com jarbe de arce tibio.

94. Buñuelos de cereja com ron

Rendimento: 6 porções

Ingredientes

- Har taza de harina para todo uso
- 2 taças de cucaradas de azúcar
- Uch de cucharadita de sal
- 1 livro   Cerezas com talos
- Repostando açúcar
- 2 cavalos; apartado

- 2 cucharadas de ron

- ½ arquivo de texto esclarecido

- ½ chá de ace vegetal

Em uma panela média, misture a salmoura, as gemas, 2 colheres de açúcar em pó, o ron e o sal para formar uma massa lisa. Tape y deje reposar de 1 a 2 horas.

Livre-se do incômodo de ter empresas que os incorporam às massas.

Caliente la mantequilla e o óleo vegetal em um grande a 360 graus F., luego baje el fuego.

Resuma as massas na missa e os colóquios na forte ascensão.

Congela por 3 minutos, ou até secar.

Retire as velas. Sumérgelas en el azúcar glass y sírvelas.

95. Suvganiot

Rendimento: 20 a 25

Ingredientes

- 1 xícara de água tíbia
- 1 pacote de suprimentos secos
- 1 xícara de açúcar
- 4 xícaras de cabelo para cada uso
- 1 xícara de leite de tíbia
- 1 cucharada de mantequilla sin sal (derretida)

- 1 xícara de óleo

- 1 ovo

- 2 cucharaditas de sal

- 3 cucaradas de azucar

- Mermelada ao seu gosto

- Açúcar e canela para estragar

Meça os ingredientes da levadura e deixe descansar por 10 minutos.

Mezclar a levadura juntamente com todos os ingredientes menos a urina. Mezclar lentamente a harina e funciona bem. Deje reposar por 3 horas. Congele em água quente e profunda, massageando com um garfo grande.

Há um momento em que um uniforme é usado. Verifique nas toalhas papais. Quando estiver livre, recheie com sereia e estrague com açúcar e canela.

96. Garrafas de vinho

Rendimento: 4 porções

Ingredientes

- 4   Tipo de barra de rolagem
- 200 gramas de cabelo (1 3/4 xícaras)
- 2 cavalos
- $\frac{1}{4}$ de litro de leite
- 1 sala de pizza
- Grasa para freir
- $\frac{1}{2}$ litro de vinho ou cidra

- Adicione a gosto

Combine a harina, os hoevos, o leche e o sal em uma massa. Rollitos curtos em 4 hastes. Sumerja las rodajas en la masa y luego fríalas hasta que estén doradas.

Colóquio os grãos em uma panela e quarto vinho ou refrigerante de açúcar frio sobre eles. Deles tempo para absorver o vinho antes de servir.

BUÑUELOS DE FLORES COMESTÍVEIS

97. Molhos de flores servidos com panela

Rendimento: 4 porções

Ingredientes

- Acetato de Girasol Grátis
- 8 Tigelas de flores para molhos; dependendo do tamanho
- 180 gramas de mel comum
- 1 xícara de açúcar em pó
- Uma pizza de quarto
- 1 limão bem picado

- 2 cavalos

- 60 mililitros de leite

- 60 mililitros de vinho branco

- 1 rodajas de limão e copo de azúcar

Tamizar la harina en un bol con el azúcar y la sal. Agregue o rali do limão e dos cavalos, e agregue aproximadamente o meio do lago e o meio do vinho. Empiece batia os líquidos na urina, incorporando aos poucos o resto do corpo e o vinho para fazer uma massa lisa.

Um a um, tome as flores por seus números e resumos na massa. Levant e Deje que o excesso de massa é assegurado, deitam-se deslicel no aceite.

Após dois minutos, a parte inferior deve ter uma cor marrom clara. Dar la vuelta a los buñuelos y dejarlos crujientes durante um minuto mas. Proteja sobre toalhas de papel velhas para servir.

98. Bulbos de flores do dia do leão

Rendimento: 10 porções

Ingredientes

- 1 xícara de grãos integrais
- 2 colheres de azeite
- 2 coucharaditas de polvo de hornear
- 1 xícara de flores de dente de leão
- 1 sala de pizza
- 1 ovo
- Spray de acetona vegetal antiaderente
- ½ taza de leche descremada

Esta variação dos panqueques utiliza as amarillas de leon cor de alho-poró, uma boa fonte de vitamina A.

Num tazón mezcle a harina, o pó de hornear e o sal. Em um recipiente separado, bata o ovo e misture com a água ou o azeite.

Combine com a mistura de fixação. Adicione as flores de cereja com cuidado, cuidando do aplicador.

Rocíe ligeramente una placha o sarten com conceito vegetal.

É quase como se estivesse completamente frio. Vierta la masa en la plancha a cucharadas y cocine como panqueques.

99. Molhos de flores

Rendimento: 1 porção

Ingredientes

- 8 Canteiros de molho
- 110 gramas de mel comum
- 2 colheres de óleo de girasol
- 150 mililitros Lager o agua
- 1 garra de ovo
- Aceite para freir
- Açúcar em pó; tamizado
- Rodajas de Limão

Tamizar la harina e la sal y mezclar hasta formar uma massa com o aceite e a serviza. Deje repousar em um lugar fresco durante 1 hora. Bata a gema de ovo até crescer. Dobre o ovo imediatamente antes de usar a massa.

Calendário um poco de óleo em uma sarten profunda ou em uma freidora. Resuma as massas de flores em massa e a escala coloquial nas calêndulas humanas e férteis que estão adormecidas.

Prenda os pacotes sobre papel coque. Coloque em um prato, derreta com o copo tamizado e sirva com rodelas de limão.

100. pétalas de rosa

Rendimento: 4 porções

Ingredientes

- 1 de cada manojo de pétalas de rosa
- repostando açúcar
- salsa doce

Mescle as pétalas e mexa suavemente.

Echar en el aiteite caliente y freir hasta que estén doradas.

Para freír: Sumerja trozos de comida en la masa. Freír em 3-4 pulgadas de grasa a 375 gradas hasta que são douradas.

Escutar sobre papel toalla.

Espolvoree os pãezinhos de frutas com açúcar impecável ou cubra com uma salsa doce.

CONCLUSÃO

Dulce o salado, el humule buñuelo é deliciosamente versátil. Crujiente e tibio de la sartén é a nossa melhor maneira de saborear o prato em massa, especialmente como parte de um fim de semana.

Com um pouco de cuidado, é fácil fazer estojos finos, ricos e decadentes, adequados ao design, ao preço, ao pôster simplesmente como refrigeração. Há uma enorme variedade de receitas neste livro para experimentar que certamente será apreciada em todos os casos.

Antes de começar a fazer buñuelos, encontre a massa que funciona para sua cozinha e seu paladar. Prove que esta é uma receita básica para massa que utiliza cacau de ligre sabre para dar um sabor refrescante. Mezcle su seleção de diferentes cabaças, desde doces e picles a carnos e saladas.

www.ingramcontent.com/pod-product-compliance
Lightning Source LLC
Chambersburg PA
CBHW071824080526
44589CB00012B/915